EXPRESSKOCHEN LOW CARB

Schlank auf die Schnelle

Autorin: Inga Pfannebecker | Fotos: Eising Studio – Food Photo & Video

DIE GU-QUALITÄTS-GARANTIE

Wir möchten Ihnen mit den Informationen und Anregungen in diesem Buch das Leben erleichtern und Sie inspirieren, Neues auszuprobieren. Bei jedem unserer Bücher achten wir auf Aktualität und stellen höchste Ansprüche an Inhalt, Optik und Ausstattung. Alle Rezepte und Informationen werden von unseren Autoren gewissenhaft erstellt und von unseren Redakteuren sorgfältig ausgewählt und mehrfach geprüft. Deshalb bieten wir Ihnen eine 100 %ige Qualitätsgarantie.

Darauf können Sie sich verlassen:
Wir legen Wert darauf, dass unsere Kochbücher zuverlässig und inspirierend zugleich sind. Wir garantieren:
• dreifach getestete Rezepte
• sicheres Gelingen durch Schritt-für-Schritt-Anleitungen und viele nützliche Tipps
• eine authentische Rezept-Fotografie

Wir möchten für Sie immer besser werden:
Sollten wir mit diesem Buch Ihre Erwartungen nicht erfüllen, lassen Sie es uns bitte wissen! Nehmen Sie einfach Kontakt zu unserem Leserservice auf. Sie erhalten von uns kostenlos einen Ratgeber zum gleichen oder ähnlichen Thema. Die Kontaktdaten unseres Leserservice finden Sie am Ende dieses Buches.

GRÄFE UND UNZER VERLAG
Der erste Ratgeberverlag – seit 1722.

INHALT

TIPPS UND EXTRAS

8 SUPPEN & SALATE

GENUSSVOLL IN BALANCE

**Das Schöne am Low-Carb-Prinzip: Es lässt sich ganz einfach im Alltag umsetzen.
Kein Kalorienzählen, keine komplizierten Pläne – legen Sie einfach los!**

SO FUNKTIONIERT LOW CARB

Der ideale Low-Carb-Mix liefert höchstens 30 Prozent der Kalorien aus Kohlenhydraten. Die Basis dafür ist Gemüse in Hülle und Fülle. Denn das enthält nur wenige Kohlenhydrate und Kalorien, aber jede Menge Vitalstoffe und sattmachende Ballaststoffe. Letztere zählen auch zu den »Carbs«, aber zu solchen von der langsamen Sorte. Diese »Slow Carbs« füllen den Magen, verzögern die Magenentleerung und halten den Blutzuckerspiegel stabil. Dazu gibt es eine gute Portion Eiweiß, mal aus Fleisch, mal aus Fisch, mal vegetarisch aus Eiern und Milchprodukten oder vegan aus Hülsenfrüchten und Sojaprodukten. Am besten im Wechsel oder gemischt, denn jede Eiweißquelle hat andere Stärken. Eiweiß ist ein Supersattmacher und kurbelt den Stoffwechsel an. Als i-Tüpfelchen kommen gesunde, ungesättigte Fette dazu, die in Pflanzenölen, Nüssen und Avocados stecken. Sie runden den Geschmack ab und erhöhen den Sättigungseffekt. Auch Obst ist mit seinen vielen Vital- und Ballaststoffen empfehlenswert, enthält aber einiges an natürlichem Fruchtzucker. Deshalb sollten Sie davon nicht mehr als ein bis zwei Portionen am Tag essen, zuckerarme Früchte wie Beeren, Papaya oder Kiwi bevorzugen und mit Eiweiß kombinieren. Das bremst den Blutzuckeranstieg. Meiden sollten Sie alles, was viel Zucker und Stärke enthält – also besonders Süßigkeiten, Brot und andere Weißmehlprodukte, Kartoffeln und Kartoffelprodukte, weißen Reis und gesüßte Getränke.

Low Carb bedeutet wenige Kohlenhydrate – und das ist kurz und knapp das, was diese Ernährungsform ausmacht. Aber wenn die Kohlenhydrate (kurz »Carbs«, von Englisch »carbohydrates«) wegfallen, was bleibt dann übrig auf dem Teller? Keine Sorge: jede Menge. Denn bei einer kohlenhydratreduzierten Ernährung geht es nicht darum zu hungern, sondern sich satt und zufrieden zu essen.

TSCHÜSS HEISSHUNGER, HALLO FETTABBAU

Essen wir schnell verwertbare Kohlenhydrate aus Süßem und Stärkereichem, steigt der Blutzuckerspiegel rasant an. Damit er wieder sinkt, produziert unser Körper reichlich Insulin, das den Zucker im Blut abbaut. Die Folge: Der Blutzucker sinkt rasch in den Keller – und die nächste Heißhungerattacke naht. Zudem gilt Insulin als »Dickmacherhormon«, weil es dafür sorgt, dass überschüssige Kalorien in den Fettzellen gespeichert werden und die Fettverbrennung gehemmt ist. Wer weniger Kohlenhydrate isst und dabei auf »Slow Carbs« setzt, wird merken, dass der lästige Heißhunger verschwindet. Denn durch die moderate Kohlenhydratzufuhr kommen Blutzuckerspiegel und Insulin wieder in Balance, und wir fühlen uns lange satt. Ein niedriger Insulinspiegel sorgt außerdem dafür, dass Fett aus den unliebsamen Pölsterchen abgebaut werden kann. Besonders sinnvoll ist es deshalb, am Abend die Kohlenhydrate zu reduzieren: Das gibt dem Körper die Chance, sich während der langen Esspause im Schlaf aus den Fettreserven zu bedienen und diese abzubauen.

BESSER NICHT: NO CARBS

Wer ganz auf Kohlenhydrate verzichtet, lässt sich viel Wertvolles wie Vitamine, Mineralien, Bioaktivoder Ballaststoffe (etwa aus Gemüse) entgehen. Letztere sind effektive Helfer für eine gute Figur. Denn bei der Verdauung von wasserlöslichen Ballaststoffen (z. B. Inulin und Pektin) entsteht im Darm Essigsäure. Diese hemmt als Botenstoff im Gehirn ganz natürlich unseren Appetit.

EXPRESSKOCHEN LEICHT GEMACHT

Die gute Nachricht: Auch mit »schnellen« Produkten lässt sich Low Carb kochen. Mit tiefgefrorenem Gemüse sparen Sie sich das lästige Putzen und Kleinschneiden. Greifen Sie zu purem Gemüse, denn fertig gewürzte Mischungen enthalten meist Stärke und Zucker. Bei Fleisch, Geflügel und Fisch sind zarte Teile zum Kurzbraten perfekt. Bevorzugen Sie auch diese »naturell«, also nicht vorgewürzt oder mariniert, denn in Würzmischungen und Marinaden stecken ebenfalls häufig Stärke und Zucker. Für die Veggie-Küche sind Eier, Tofu und gegarte Hülsenfrüchte aus Dose oder Glas ideale Blitzzutaten. Vorsicht bei Fertigsaucen oder Würzpasten: Sie enthalten oft versteckte Kohlenhydrate. Bei Pesto etwa wird ein Teil des Käses gerne durch Kartoffelmehl oder Weizengrieß ersetzt. Bei Fertigprodukten daher immer die Zutatenlisten und Nährwertangaben auf der Packung studieren.

DIE LOW-CARB-TAUSCHBÖRSE

Tauschen statt verzichten lautet das Motto – und schon können Sie mit neuen Zutaten auch Ihre alten Lieblingsgerichte einfach kohlenhydratbewusst genießen.

1 STATT BROT

Zum Belegen oder als Beilage eignet sich Eiweißbrot, das weniger Kohlenhydrate und mehr Eiweiß als normales Brot enthält. Da es mehr Fette liefert, die Scheiben dünn schneiden und leicht belegen. Auch eine dünne Scheibe Vollkornbrot ist mal drin. Für Wraps sind Omeletts ein praktischer Ersatz.

2 STATT NUDELN

Mit einem Sparschäler oder Spiralschneider in Streifen gehobelt, lässt sich Gemüse in leichte »Nudeln« verwandeln. Für Lasagne eignen sich kurz vorgegarte Zucchini-, Auberginen- oder Kohlrabischeiben. Wenn es »richtige« Nudeln sein sollen, am besten Vollkornprodukte wählen. Ganz ohne verwertbare Kohlenhydrate kommen japanische Shirataki-Nudeln aus Konjakwurzelmehl aus.

3 STATT REIS

Zu Gerichten mit viel Sauce ist Blumenkohl-»Reis« aus gedünstetem, klein geraspeltem Blumenkohl toll (siehe S. 46). Die Raspel schmecken als »Bratreis« oder roh in Salaten. Genau wie Nudeln gibt es auch Reis aus Konjakwurzelmehl. Und wenn es das Original sein soll: Vollkorn- oder Wildreis wählen.

4 STATT KARTOFFELN

Für Salate sind gekochter Knollensellerie oder Topinambur ein toller Ersatz. Feine Pürees lassen sich aus Topinambur, Knollensellerie, Kürbis, Blumenkohl, Brokkoli, Möhren oder Steckrüben zaubern. In Stäbchen geschnittenes Gemüse wie Knollensellerie oder Kürbis können Sie mit wenig Öl im Ofen bei 220° zu »Pommes frites« backen.

5 STATT PIZZATEIG

Für einen Low-Carb-Pizzaboden kurz gekochten, geraspelten Blumenkohl im Verhältnis 2:1 mit geraspeltem Hartkäse mischen. Zu einem flachen Boden formen, im heißen Ofen bei 225° ca. 10 Min. vorbacken. Dann belegen und fertig backen.

6 STATT MEHL ODER PANIERMEHL

Beim Kochen können Sie geringe Mehlmengen (z. B. zum Binden von Saucen oder im Gemüsepufferteig) durch Mandelmehl, gemahlene Mandeln oder Nüsse, Kichererbsen- oder Kokosmehl ersetzen. Für Panaden eignen sich Nuss- oder Mandelblättchen, Sesamsamen, Kokosflocken oder geriebener Parmesan als Paniermehlersatz.

7 STATT ZUCKER

Zum Abschmecken sind kleine Mengen Dicksaft gut. Sie lassen den Blutzucker sanfter ansteigen als Haushaltszucker und süßen stärker.

8 SÜSSES UND KNABBERZEUG

1 Stück dunkle Schokolade (mind. 70 % Kakaoanteil) ist durchaus Low-Carb-tauglich. Statt Kartoffelchips sollten Sie zu Gemüsechips greifen und für Salzstangen sind geröstete Nüsse, Kerne oder Kichererbsen ein toller Knabberersatz.

SUPPEN & SALATE

Soulfood auf die schlanke Art: Eine dampfende Schüssel Suppe oder ein knackiger Salat mit Hähnchenscheiben macht nach einem langen Tag im Handumdrehen glücklich. Wer mag, isst noch eine Scheibe Eiweißbrot dazu. Aber auch solo sind diese Leichtgewichte echte Sattmacher.

INDISCHE LINSENSUPPE

Geniale Mischung: Hähnchen, Gemüse und Linsen machen auf leichte Art wohlig satt.
Frischer Ingwer, Currypulver und Kokosmilch sorgen für jede Menge Aroma.

300 g Hähnchenbrustfilet
1 große Stange Lauch
3 Möhren
1 walnussgroßes Stück Ingwer
1 EL Öl
Salz | Pfeffer
2 – 3 TL Currypulver
100 g rote Linsen
1 Dose stückige Tomaten
(400 g)
½ l Gemüsebrühe
1 Dose Kokosmilch (400 ml)
ca. 2 TL Limettensaft
2 EL gehacktes Koriandergrün

Exotischer Magenwärmer

Für 4 Personen |
25 Min. Zubereitung
Pro Portion ca. 435 kcal,
27 g EW, 25 g F, 24 g KH

1 Das Fleisch waschen, trocken tupfen und in kleine Würfel schneiden. Den Lauch putzen und längs halbieren, gründlich waschen und in dünne Scheiben schneiden. Die Möhren schälen und in kleine Würfel schneiden. Den Ingwer schälen und ebenfalls fein würfeln.

2 Das Öl in einem Topf erhitzen und das Fleisch darin unter Wenden anbraten. Lauch, Möhren und Ingwer dazugeben und kurz mitbraten. Mit Salz und Pfeffer würzen, Currypulver darüberstäuben und kurz anrösten.

3 Die Linsen in einem Sieb abbrausen, abtropfen lassen und zur Hähnchen-Gemüse-Mischung geben. Die Tomaten und die Brühe hinzufügen. Alles aufkochen und zugedeckt bei mittlerer Hitze ca. 12 Min. köcheln lassen, dabei ab und zu umrühren.

4 Anschließend die Kokosmilch zur Suppe geben, unterrühren und kurz erhitzen. Die Suppe mit Limettensaft, Salz, Pfeffer und eventuell noch etwas Currypulver abschmecken. Zum Servieren mit Koriander bestreuen.

TIPP

Die Linsensuppe schmeckt auch vegetarisch mit gewürfeltem Paneer (ind. Weichkäse) – oder sogar vegan mit Tofuwürfeln. Dazu die Käse- oder Tofuwürfel wie das Fleisch anbraten. Dann allerdings aus dem Topf nehmen, beiseitestellen und erst zum Servieren wieder in die Suppe geben.

KICHERERBSEN-ERDNUSS-SUPPE

2 Dosen Kichererbsen (à 240 g Abtropfgewicht) | 1 Knoblauchzehe | 2 Frühlingszwiebeln | 2 Möhren | 3 EL Öl | 1 TL Ras-el-Hanout (orient. Gewürzmischung) | 1 l Gemüsebrühe | 50 g ungesüßte Erdnussbutter | 2–3 EL Orangensaft | Salz | Pfeffer | 120 g gegrillte, in Öl eingelegte Paprikaschoten (aus dem Glas) | 1–2 TL Harissa (orient. Chilipaste) | 50 g geröstete, gesalzene Erdnusskerne

Veganes Suppenglück

Für 4 Personen | 25 Min. Zubereitung
Pro Portion ca. 355 kcal, 13 g EW, 24 g F, 18 g KH

1 Kichererbsen in ein Sieb abgießen, abbrausen und abtropfen lassen. Knoblauch schälen und fein hacken. Frühlingszwiebeln putzen und waschen, den hellen Teil würfeln, den dunklen Teil in Ringe schneiden. Möhren schälen und grob würfeln.

2 Das Öl in einem Topf erhitzen, helle Frühlingszwiebelwürfel und Möhren darin kurz andünsten. Knoblauch dazugeben, kurz mitdünsten. Ras-el-Hanout darüberstäuben und anrösten, die Kichererbsen hinzufügen. Die Brühe angießen, alles aufkochen und zugedeckt ca. 10 Min. köcheln lassen.

3 Den Topf vom Herd nehmen, Erdnussbutter und Orangensaft zur Suppe geben und alles mit dem Stabmixer fein pürieren. Die Suppe mit Salz und Pfeffer abschmecken.

4 Die Paprika abtropfen lassen, mit Harissa in einen hohen Rührbecher geben und zu einer feinen Paste pürieren. Mit Salz würzen. Die Erdnüsse grob hacken. Die Suppe in Schüsseln anrichten, etwas Paprikapaste daraufgeben, den Rest dazu servieren. Mit Erdnüssen und dunklen Frühlingszwiebelringen bestreut servieren.

ERBSENSÜPPCHEN MIT KRABBEN

1 Zwiebel | 100 g ungeröstete, ungesalzene Cashewkerne | 1 EL Öl | 500 g TK-Erbsen | 1 l Gemüsebrühe | 4 EL Schmand | 2 TL Wasabi-Paste (japan. grüner Meerrettich) | Salz | Pfeffer | 2 – 3 TL Zitronensaft | 200 g geschälte, gegarte Nordseekrabben (aus dem Kühlregal) | 2 EL gehackte Minze

Gästefein

Für 4 Personen | 25 Min. Zubereitung
Pro Portion ca. 405 kcal, 24 g EW, 21 g F, 25 g KH

1 Die Zwiebel schälen und in feine Würfel schneiden. Die Cashewkerne grob hacken. Das Öl in einem Topf erhitzen und die Zwiebel darin hell andünsten. Die Cashewkerne hinzufügen und ebenfalls kurz anrösten. Die gefrorenen Erbsen dazugeben und die Brühe dazugießen. Alles aufkochen und zugedeckt ca. 10 Min. köcheln lassen.

2 Inzwischen den Schmand mit der Wasabi-Paste glatt rühren und mit Salz abschmecken. Dann die Suppe vom Herd nehmen und mit dem Stabmixer fein pürieren. Die Suppe mit Salz, Pfeffer und Zitronensaft abschmecken.

3 Die Krabben in die Suppe geben und kurz darin erwärmen. Die Suppe in Schüsseln anrichten, je 1 Klecks Wasabi-Schmand daraufgeben und mit gehackter Minze bestreut servieren.

TIPP

Sie mögen es gerne deftig? Dann können Sie die Krabben durch kross gebratene Schinkenwürfel ersetzen: Dafür ca. 100 g geräucherten Schinkenspeck (in Würfeln) in einer Pfanne ohne Fett ca. 5 Min. knusprig braten. Dann auf Küchenpapier abtropfen lassen und zum Servieren auf die Suppe streuen.

KÜRBIS-SPINAT-SUPPE MIT KLÖSSCHEN

Ein wunderbares Wohlfühlrezept, das mit schnellen Klößchen, viel Gemüse und einem würzigen Topping aus Basilikumöl und Parmesan Löffel für Löffel die Laune hebt.

1 Zwiebel
1 Hokkaido-Kürbis (ca. 1 kg)
3 EL Olivenöl
3 frische feine Kalbsbrat-
würste (à ca. 150 g)
1 l Gemüsebrühe
150 g Babyspinat
½ Bund Basilikum
Salz | Pfeffer
frisch geriebene Muskatnuss
4 EL geriebener Parmesan

Kinder-Liebling

Für 4 Personen |
30 Min. Zubereitung
Pro Portion ca. 450 kcal,
17 g EW, 37 g F, 9 g KH

1 Die Zwiebel schälen und fein würfeln. Den Kürbis waschen und halbieren, Kerne und Fasern herauskratzen (Bild 1). Die Hälften erst in Spalten, dann in ca. 2 cm große Stücke schneiden.

2 In einem Topf 1 EL Öl erhitzen. Das Brät aus den Würstchen portionsweise direkt ins heiße Öl drücken, sodass kleine Klöße entstehen (Bild 2). Unter Wenden anbraten. Zwiebel und Kürbis dazugeben und kurz mitbraten. Die Brühe angießen, alles aufkochen und bei mittlerer Hitze ca. 10 Min. köcheln lassen.

3 Inzwischen den Spinat putzen und waschen. Das Basilikum waschen und trocken schütteln. Die Blätter abzupfen, grob hacken und mit dem übrigen Öl mit dem Stabmixer fein pürieren (Bild 3). Das Basilikumöl mit Salz abschmecken.

4 Den Spinat zur Suppe geben und ca. 1 Min. mitgaren, bis er zusammengefallen ist. Die Suppe mit Salz, Pfeffer und Muskatnuss abschmecken. In Schalen anrichten, mit etwas Basilikumöl beträufeln und mit etwas Parmesan bestreuen. Übriges Basilikumöl und restlichen Parmesan extra dazu servieren.

TIPP Hokkaido-Kürbis ist perfekt für die schnelle Küche, denn er kann samt Schale gegessen werden. Sie können die Suppe auch mit Muskat- oder Butternusskürbis zubereiten, diese müssen allerdings vor dem Würfeln noch geschält werden.

1

2

3

FRUCHTIGER HÄHNCHENSALAT

3 Hähnchenbrustfilets (à ca. 150 g) | 1 rote Zwiebel | 7 – 8 Stangen Staudensellerie (ca. 300 g) | 1 kleine Papaya | 1 Bund Rucola | 1 reife Mango (ca. 450 g) | 100 g Mayonnaise | 100 g Naturjoghurt | 3 – 4 EL Limettensaft | Salz | Pfeffer

Raffinierte Mischung

Für 4 Personen | 25 Min. Zubereitung
Pro Portion ca. 475 kcal, 29 g EW, 29 g F, 17 g KH

1 Das Fleisch waschen, trocken tupfen und auf einem Dämpfeinsatz in einen Topf mit wenig Wasser setzen. Aufkochen und dann zugedeckt bei mittlerer Hitze je nach Dicke 12 – 15 Min. dämpfen. (Wer keinen Dämpfeinsatz hat, gart das Fleisch zugedeckt in einem Topf in wenig Salzwasser.)

2 Inzwischen die Zwiebel schälen, halbieren und in sehr dünne Scheiben schneiden. Den Sellerie putzen, waschen und in dünne Streifen schneiden. Die Papaya halbieren und entkernen, schälen und in Spalten schneiden. Den Rucola verlesen, waschen und trocken schleudern, dabei grobe Stiele entfernen. Die vorbereiteten Zutaten auf eine Platte oder auf Teller verteilen.

3 Für das Dressing die Mango schälen, das Fruchtfleisch vom Stein schneiden und in einen hohen Rührbecher geben. Die Mayonnaise und den Joghurt hinzufügen und alles mit dem Stabmixer fein pürieren. Mit Limettensaft, Salz und Pfeffer abschmecken.

4 Das gegarte Hähnchenfleisch in dünne Scheiben schneiden und auf den Salatzutaten anrichten. Etwas Dressing über den Salat träufeln und den Rest extra dazu reichen. Den Salat nach Belieben mit grob gemahlenem Pfeffer bestreut servieren.

BIERGARTENSALAT MIT OMELETT

1 Pck. Blattsalatmischung (200 g, aus dem Kühlregal) | 1 Bund Radieschen | ¼ Stange weißer Rettich (ca. 120 g) | 150 g Leberkäseaufschnitt | 1 geh. EL süßer Senf | 3 EL Apfelessig | Salz | Pfeffer | 6 EL Rapsöl | 4 Eier | 4 TL Öl zum Braten | 1 Kästchen Gartenkresse

Zünftiger Genuss

Für 4 Personen | 20 Min. Zubereitung
Pro Portion ca. 385 kcal, 15 g EW, 33 g F, 5 g KH

1 Den Salat putzen, waschen und trocken schleudern. Radieschen und Rettich putzen, waschen und in dünne Scheiben schneiden oder hobeln. Den Leberkäse in dünne Streifen schneiden. Alles auf Teller oder in Gläser verteilen.

2 Für das Dressing den Senf mit Essig, Salz und Pfeffer gründlich verrühren. Das Rapsöl nach und nach unterschlagen und das Dressing zum Schluss nochmals mit Salz und Pfeffer abschmecken.

3 Für die Omeletts die Eier verquirlen. 1 TL Öl in einer großen beschichteten Pfanne (26 cm ⌀) erhitzen. Ein Viertel der Eiermasse hineingeben, durch Schwenken in der Pfanne verteilen und in 1 – 2 Min. zu einem dünnen Omelett backen. Herausnehmen, aufrollen und in dünne Scheiben schneiden. Aus der restlichen Eiermasse im übrigen Öl wie beschrieben noch 3 weitere Omeletts backen, aufrollen und in Streifen schneiden.

4 Das Dressing über die Salatzutaten träufeln und die Omelettstreifen darauf anrichten. Zum Servieren die Kresse vom Beet schneiden und den Salat damit bestreuen.

AVOCADOSALAT MIT GARNELENKÜCHLEIN

Frisch, würzig und leicht exotisch – so schmeckt dieser thailändisch inspirierte Salat,
der mit den »verschärften« Garnelenküchlein zum feinen Sattmacher wird.

Für die Küchlein:
500 g rohe, geschälte
TK-Garnelen
1 Eiweiß
1 TL rote Thai-Currypaste
1 Spritzer Limettensaft
1 EL Öl
Für den Salat:
2 EL Fischsauce
1 EL Sojasauce
3 – 4 EL Limettensaft
2 EL geröstetes Sesamöl
1 Spritzer Agavendicksaft
2 reife Avocados (à ca. 300 g)
2 rote Spitzpaprikaschoten
1 Salatgurke
3 Frühlingszwiebeln
¼ Bund Minze

Mit Aroma-Kick

Für 4 Personen |
25 Min. Zubereitung
Pro Portion ca. 495 kcal,
29 g EW, 37 g F, 11 g KH

1 Für die Küchlein die Garnelen in heißem Wasser ca. 5 Min. antauen lassen. Inzwischen für das Salatdressing Fisch- und Sojasauce, Limettensaft und Sesamöl mit dem Schneebesen verquirlen und mit Agavendicksaft abschmecken.

2 Die Garnelen in ein Sieb abgießen und mit Küchenpapier trocken tupfen. Garnelen mit Eiweiß, Currypaste und Limettensaft im Mixer oder Blitzhacker zerkleinern. Dabei möglichst kurz mixen, damit die Masse nicht zu warm wird. Das Öl in einer großen beschichteten Pfanne erhitzen. Die Garnelenmasse esslöffelweise in die Pfanne geben, jeweils etwas flach drücken und auf jeder Seite in 3 – 4 Min. zu Küchlein braten.

3 Währenddessen für den Salat die Avocados halbieren, Kerne und Schalen entfernen. Die Avocadohälften in dünne Spalten schneiden und auf eine Platte oder auf Teller verteilen. Die Paprika längs halbieren, entkernen, waschen und klein würfeln. Die Gurke putzen, waschen und ebenfalls klein würfeln. Die Frühlingszwiebeln putzen, waschen und schräg in Ringe schneiden. Die Minze waschen und trocken schütteln, die Blätter abzupfen und grob hacken. Paprika, Gurke, Frühlingszwiebeln und Minze mit dem Dressing mischen und auf den Avocadospalten verteilen. Die Garnelenküchlein daraufsetzen und servieren.

TIPP Noch schneller steht der Salat auf dem Tisch, wenn Sie die Garnelen nicht zu Küchlein verarbeiten. Sie können Sie stattdessen einfach im Ganzen braten und mit etwas Salz, Pfeffer und Chiliflocken gewürzt auf den Salat geben.

LINSEN-CHICORÉE-SALAT MIT ZIEGENKÄSE

Dass Linsen und Ziegenkäse ein Dream-Team sind, ist kein Geheimnis. Hier kommen sie mit einem Orangendressing daher und liebäugeln mit knackigem Chicorée und Nüssen.

Für den Salat:
3 Stauden Chicorée (ca. 500 g)
2 Frühlingszwiebeln
2 Möhren
1 Dose braune Linsen
(265 g Abtropfgewicht)
50 g Walnusskerne
150 g Ziegenfrischkäsetaler
Für das Dressing:
1 EL Dijon-Senf
2 EL Apfelessig
2 EL Orangensaft
4 EL Öl
Salz | Pfeffer

Macht satt und glücklich

Für 4 Personen |
25 Min. Zubereitung
Pro Portion ca. 370 kcal,
15 g EW, 27 g F, 16 g KH

1 Für den Salat den Chicorée putzen und in einzelne Blätter teilen, dabei den Strunk entfernen. Die Blätter waschen, trocken schleudern und quer in Streifen schneiden. Die Frühlingszwiebeln putzen, waschen und in dünne Ringe schneiden. Die Möhren schälen und in kleine Würfel schneiden. Die Linsen in ein Sieb abgießen, abbrausen und gut abtropfen lassen.

2 Für das Dressing Senf, Essig und Orangensaft verrühren. Das Öl nach und nach unterschlagen und das Dressing mit Salz und Pfeffer abschmecken. Linsen, Chicoréestreifen, Frühlingszwiebelringe und Möhrenwürfel unter das Dressing mischen.

3 Die Walnusskerne in einer beschichteten Pfanne ohne Fett leicht rösten, dann herausnehmen und grob hacken. Den Linsensalat auf Teller verteilen. Die Ziegenkäsetaler daraufsetzen und den Salat mit Walnüssen bestreut servieren.

TIPP

Den Salat können Sie auch prima als Snack für die Mittagspause mitnehmen: Er lässt sich gut transportieren und ist auch nach längerem Stehen noch knackig. Wer es lieber vegan mag, toppt den Salat statt mit Ziegenkäse mit gebratenen Tofu- oder Räuchertofuscheiben. Und wenn Sie die Nussnote im Salat betonen möchten, können Sie einfach Walnussöl für das Dressing verwenden.

FLEISCH & GEFLÜGEL

Zartes Hähnchenfilet, saftige Steaks oder kernige Schweineschnitzel enthalten
von Natur aus »No Carbs«, aber jede Menge Sattmacher-Eiweiß.
Und sie haben noch ein Plus: Sie lassen sich ganz unkompliziert zubereiten
und sind damit perfekt für die schnelle Low-Carb-Küche.

FETA-FRIKADELLEN MIT WEISSEN BOHNEN

Low Carb goes Mittelmeer: Zu den mit Ajvar gewürzten Frikadellen gibt es weiße Bohnen, die mit viel Eiweiß und Ballaststoffen lange satt machen.

Für die Frikadellen:
500 g mageres
Rinderhackfleisch
1 Ei
4 EL Mandelmehl
2 EL Ajvar (scharfe
Paprikapaste)
Salz | Pfeffer
100 g Schafskäse (Feta)
1 TL Olivenöl
Für die Bohnen:
1 Zwiebel
2 Knoblauchzehen
2 Dosen große weiße Bohnen-
kerne (à 250 g Abtropfgewicht)
250 g Kirschtomaten
100 g Rucola
½ Bio-Zitrone
1 TL Olivenöl
1 TL getr. Thymian
Salz | Pfeffer

Schmeckt nach Urlaub

Für 4 Personen |
25 Min. Zubereitung
Pro Portion ca. 520 kcal,
48 g EW, 29 g F, 17 g KH

1 Für die Frikadellen das Hackfleisch mit Ei, Mandelmehl, Ajvar, ½ TL Salz und etwas Pfeffer verkneten. Den Schafskäse in 8 Würfel schneiden. Mit angefeuchteten Händen aus der Hackmasse 8 Frikadellen formen, dabei je 1 Käsewürfel in die Mitte geben. Die Frikadellen bis zur Verwendung kühl stellen.

2 Für die Bohnen die Zwiebel und den Knoblauch schälen und fein würfeln. Die Bohnen in ein Sieb abgießen, abbrausen und gut abtropfen lassen. Die Tomaten waschen und halbieren. Den Rucola verlesen, waschen und trocken schleudern. Dabei grobe Stiele entfernen und die Blätter nach Belieben kleiner zupfen. Die Zitrone heiß waschen, abtrocknen und die Schale fein abreiben. Dann die Zitronenhälfte auspressen.

3 In einer großen beschichteten Pfanne das Öl erhitzen und die Frikadellen darin auf jeder Seite ca. 6 Min. braten. Inzwischen für die Bohnen das Öl in einem Topf erhitzen, Zwiebel und Knoblauch darin kurz andünsten. Thymian und Bohnen dazugeben und kurz mitdünsten. Tomaten und 1 Schuss Wasser hinzufügen, alles salzen und pfeffern und zugedeckt 3 – 4 Min. dünsten. Die Bohnen mit Salz, Pfeffer, Zitronenschale und 1 großzügigen Spritzer Zitronensaft abschmecken. Zuletzt den Rucola untermischen. Die Frikadellen mit den Bohnen servieren.

TIPP

Sie möchten lieber noch weniger Kohlenhydrate? Dann verwenden Sie statt der weißen Bohnen dieselbe Menge grüne Bohnen aus der Dose.

LAMM MIT MÖHRENSALAT UND HUMMUS

800 g Möhren | 2 EL Sultaninen (ca. 40 g) | 70 – 100 ml Zitronensaft (von ca. 2 Zitronen) | ½ – 1 TL Zimtpulver | 6 EL Öl | Salz | 4 Lammlachse (à ca. 180 g) | Pfeffer | 1 Dose Kichererbsen (240 g Abtropfgewicht) | 2 – 3 Knoblauchzehen | 50 g Tahin (orient. Sesampaste) | 150 g Naturjoghurt | Cayennepfeffer

Orient-Express

Für 4 Personen | 30 Min. Zubereitung
Pro Portion ca. 585 kcal, 44 g EW, 34 g F, 23 g KH

1 Die Möhren schälen und mit dem Gemüsehobel grob raspeln (schneller geht es mit der Küchenmaschine). Die Möhrenraspel mit den Sultaninen, 70 – 90 ml Zitronensaft, Zimt und 5 EL Öl in einer Schüssel mischen. Den Möhrensalat mit Salz abschmecken und bis zum Servieren zugedeckt durchziehen lassen.

2 Das Fleisch mit Salz und Pfeffer würzen. Übriges Öl in einer Pfanne erhitzen und die Filets darin auf jeder Seite 3 – 4 Min. medium braten. In Alufolie wickeln und bis zum Servieren ruhen lassen.

3 Für das Hummus die Kichererbsen in ein Sieb abgießen, abbrausen und abtropfen lassen. Den Knoblauch schälen. Kichererbsen, Knoblauch, Tahin und Joghurt mit dem Stabmixer pürieren und, falls nötig, mit 1 Schuss Wasser verdünnen. Mit etwas Zitronensaft, Salz und Pfeffer abschmecken und mit etwas Cayennepfeffer bestreuen. Lammlachse mit Möhrensalat und Hummus servieren.

TIPP

Preiswerter wird das Gericht mit Schweine- statt Lammfilet. 750 g Filet in ca. 3 cm dicke Medaillons schneiden, salzen, pfeffern und auf jeder Seite 2 – 3 Min. braten.

GESCHNETZELTES MIT BLUMENKOHLPÜREE

500 g Putenschnitzel | 1 Zwiebel | 250 g Champignons | 250 g Austernpilze | 1 kg TK-Blumenkohl | Salz | 1 EL Öl | Pfeffer | 250 g Sahne zum Kochen (15 % Fett) | 100 g fettarmer Frischkäse (16 % Fett) | frisch geriebene Muskatnuss | 1–2 EL gehackte Petersilie

Klassiker auf neue Art

Für 4 Personen | 30 Min. Zubereitung
Pro Portion ca. 360 kcal, 44 g EW, 15 g F, 12 g KH

1 Das Fleisch waschen, trocken tupfen und in Streifen schneiden. Die Zwiebel schälen und fein würfeln. Die Pilze putzen und bei Bedarf mit einem Tuch abreiben. Die Champignons je nach Größe halbieren oder vierteln, die Austernpilze in breite Streifen schneiden. Die Blumenkohlröschen noch gefroren in wenig kochendes Salzwasser geben und in 6–8 Min. weich garen.

2 Inzwischen das Öl in einer großen beschichteten Pfanne erhitzen. Das Fleisch darin unter Wenden kräftig anbraten, salzen, pfeffern und herausnehmen. Dann die Pilze im Bratfett unter Wenden ca. 5 Min. kräftig anbraten, dabei nach ca. 3 Min. die Zwiebel dazugeben und mit Salz würzen. Das Fleisch wieder hinzufügen. Die Sahne angießen, alles aufkochen und ca. 5 Min. köcheln lassen.

3 Währenddessen den Blumenkohl abgießen und mit dem Frischkäse mit dem Stabmixer pürieren. Mit Salz und Muskatnuss würzen. Das Geschnetzelte salzen, pfeffern und mit Petersilie bestreuen. Mit dem Püree servieren.

TIPP

Kein Blumenkohlfan oder einfach nur Lust auf Abwechslung? Dann bereiten Sie das Püree doch einmal mit Brokkoli zu.

STEINPILZSTEAKS MIT ROTE-BETE-SALAT

Der Clou ist das schnell gemixte Steinpilzsalz, das dem Fleisch im Handumdrehen ein unwiderstehliches Aroma verleiht. Zum Fingerablecken gut!

Für den Salat und die Meerrettichsahne:
1 kg gegarte Rote Beten (vakuumverpackt)
1 kleine Zwiebel
40 g Walnusskerne
100 ml Apfelessig
Salz | Pfeffer
4 EL Öl
1 kleiner säuerlicher Apfel
1–2 TL geriebener Meerrettich (aus dem Glas)
150 g saure Sahne (10 % Fett)
2 EL gehackte Petersilie
Für die Steaks:
10 g getr. Steinpilze
¼ TL getr. Thymian
1 EL grobes Meersalz
4 Rumpsteaks (à ca. 200 g)
½ TL Öl

Schnell was Feines

Für 4 Portionen |
25 Min. Zubereitung
Pro Portion ca. 545 kcal,
51 g EW, 29 g F, 18 g KH

1 Für den Salat die Roten Beten abtropfen lassen und in ca. 1 cm große Würfel schneiden. Die Zwiebel schälen und fein würfeln. Die Walnüsse in einer beschichteten Pfanne ohne Fett leicht rösten, dann herausnehmen und grob hacken. Den Essig mit Salz und Pfeffer würzen und nach und nach das Öl unterschlagen. Rote Beten, Zwiebel und Nüsse mit dem Dressing mischen und den Salat bis zum Servieren beiseitestellen.

2 Für die Steaks die Steinpilze mit Thymian und Meersalz im Blitzhacker fein mahlen oder im Mörser fein zerstoßen. Die Steaks von beiden Seiten dünn mit Öl einstreichen und mit dem Steinpilzsalz bestreuen. Eine Pfanne ohne Fett erhitzen, die Steaks hineinlegen und unter Wenden in 6–8 Min. medium braten. Dann in Alufolie wickeln und kurz ruhen lassen.

3 Inzwischen den Apfel schälen, vierteln, entkernen und fein reiben. Mit dem Meerrettich unter die saure Sahne mischen und mit Salz abschmecken. Den Rote-Bete-Salat ebenfalls nochmals mit Salz und Pfeffer abschmecken, die Petersilie untermischen. Die Steaks mit Salat und Meerrettichsahne servieren. Das restliche Steinpilzsalz zum Bestreuen dazu reichen.

TIPP

Das übrige Steinpilzsalz hält sich in einem Schraubglas mehrere Wochen. Sie können damit übrigens nicht nur Steaks würzen, sondern auch sehr gut Brathähnchen, Lammfleisch oder Ofengemüse wie Kürbis verfeinern.

FRÜHLINGSROLLEN-OMELETT

Die würzige Füllung von Frühlingsrollen geht hier mal fremd: Ihr neuer Partner ist ein luftiges Omelett mit Sesam – zur Freude aller Low-Carb-Fans!

Für die Füllung:
1 Stange Lauch
2 Möhren
½ Chinakohl (ca. 600 g)
100 g Mungobohnensprossen
1 EL Öl
400 g gemischtes Hackfleisch
Salz | Pfeffer
¼ TL Fünf-Gewürze-Pulver
2 – 3 EL Sojasauce
Für die Omeletts:
8 Eier
8 EL Milch
Salz | Pfeffer
4 TL Butter
4 TL Sesamsamen

Köstlich fernöstlich

Für 4 Personen |
30 Min. Zubereitung
Pro Portion ca. 555 kcal,
39 g EW, 41 g F, 9 g KH

1 Für die Füllung den Lauch putzen, längs halbieren, gründlich waschen und in dünne Scheiben schneiden. Die Möhren schälen und grob raspeln. Den Chinakohl putzen, vierteln und waschen. Die Viertel entstrunken und in Streifen schneiden. Die Sprossen in ein Sieb geben, abbrausen und gut abtropfen lassen.

2 Das Öl in einer Pfanne erhitzen und das Hackfleisch darin unter Wenden krümelig anbraten. Mit Salz, Pfeffer und Fünf-Gewürze-Pulver würzen. Lauch und Möhren dazugeben und ca. 5 Min. mitbraten. Den Chinakohl hinzufügen und noch ca. 5 Min. braten.

3 Inzwischen für die Omeletts die Eier trennen. Die Eigelbe mit der Milch glatt rühren, mit Salz und Pfeffer würzen. Die Eiweiße mit 1 Prise Salz steif schlagen und unter die Eigelbmilch heben.

4 In einer großen beschichteten Pfanne (26 cm ⌀) 1 TL Butter erhitzen. Erst 1 TL Sesamsamen, dann ein Viertel der Omelettmasse hineingeben und zugedeckt bei schwacher Hitze in 6 – 8 Min. stocken lassen. Das Omelett auf einen Teller gleiten lassen und warm halten. Die restliche Eiermasse und den übrigen Sesam in der restlichen Butter wie beschrieben zu 3 Omeletts braten. Die Omeletts zum Warmhalten nach Belieben in den auf 100° vorgeheizten Backofen stellen oder mit Alufolie abdecken.

5 Die Sprossen zur Hackpfanne geben und kurz darin erwärmen. Die Füllung mit Sojasauce abschmecken, auf die Omeletts verteilen und diese jeweils zusammenklappen. Sofort servieren.

TIPP   Die Füllung schmeckt ohne Omelett auch zu Blumenkohlreis (siehe S. 46). Und umgekehrt wird das Omelett ohne Füllung, dafür aber mit Parmaschinken, Tomaten- und Mozzarella-scheiben sowie Basilikum belegt schnell zum kleinen Mittag- oder Abendessen oder zum großen Frühstück.

NUSS-SCHNITZEL MIT COLE SLAW

1 Spitzkohl (ca. 700 g) | 2 Möhren | 1 rote Zwiebel | 1 Apfel | 50 g Mayonnaise | 100 g Naturjoghurt | 100 ml Buttermilch | 3 – 4 TL Apfelessig | 1 TL geriebener Meerrettich (aus dem Glas) | Salz | Pfeffer | 4 dünne Schweineschnitzel (à ca. 100 g) | 1 Ei | ca. 100 g Haselnussblättchen | 2 EL Butterschmalz

Mit kerniger Panade

Für 4 Personen | 30 Min. Zubereitung
Pro Portion ca. 505 kcal, 32 g EW, 35 F, 14 g KH

1 Den Kohl putzen, vierteln und waschen. Die Viertel entstrunken und in feine Streifen schneiden oder hobeln. Die Möhren schälen und grob raspeln. Die Zwiebel schälen und fein würfeln. Den Apfel schälen, vierteln und entkernen. Die Viertel halbieren und in dünne Scheiben schneiden. Alle vorbereiteten Zutaten mischen.

2 Für das Dressing Mayonnaise, Joghurt, Buttermilch, Essig und Meerrettich glatt rühren. Mit Salz und Pfeffer würzen und unter den Salat mischen.

3 Die Schnitzel flacher klopfen und mit Salz und Pfeffer würzen. Das Ei in einem tiefen Teller verquirlen, die Nüsse auf einen flachen Teller geben. Die Schnitzel erst im Ei, dann in den Nüssen wenden und die Panade etwas andrücken. Jeweils 1 EL Schmalz in zwei großen Pfannen erhitzen und die Schnitzel darin bei mittlerer Hitze auf jeder Seite ca. 5 Min. braten. Herausnehmen, auf Tellern anrichten und sofort mit dem Cole Slaw servieren.

TIPP

Der fruchtig-frische Cole Slaw eignet sich auch prima als Beilage für die nächste Grillparty. Der Salat lässt sich gut vorbereiten und bleibt im Kühlschrank 1 – 2 Tage frisch.

SATÉ-SPIESSE MIT KÜRBIS-WEDGES

1 Hokkaido-Kürbis (ca. 1 kg) | 1 TL rote Thai-Currypaste | 5 EL Öl | Salz | 500 g Hähnchenbrustfilet | Saft von ½ Limette | 3 EL Ketjap manis (indon. süße Sojasauce) | 1 Zwiebel | 1 kleine Dose Kokosmilch (165 ml) | 4 EL ungesüßte Erdnussbutter | 1 TL Ingwerpulver | ½ TL gemahlener Kreuzkümmel | Pfeffer | 1 EL gehacktes Koriandergrün | 20 Holzspieße

Gar nicht spießig

Für 4 Personen | 30 Min. Zubereitung
Pro Portion ca. 565 kcal, 37 g EW, 38 g F, 17 g KH

1 Den Backofen auf 220° vorheizen. Den Kürbis waschen und halbieren, Kerne und Fasern herauskratzen. Die Hälften in ca. 5 mm dünne Spalten schneiden. Die Currypaste mit 2 EL Öl und etwas Salz verrühren. Mit den Kürbisspalten in einen Gefrierbeutel geben und alles gut durchkneten.

Die Kürbisspalten auf einem Backblech verteilen und im Ofen (Mitte) ca. 20 Min. garen.

2 Inzwischen das Fleisch waschen, trocken tupfen und in ca. 2 cm große Würfel schneiden. Mit Limettensaft und 1 EL Ketjap manis mischen und kurz ziehen lassen. Währenddessen für die Sauce die Zwiebel schälen, fein würfeln und in 1 EL Öl andünsten. Kokosmilch und Erdnussbutter dazugeben, glatt rühren und unter Rühren erhitzen, aber nicht kochen. Übrigen Ketjap manis, Ingwer und Kreuzkümmel unterrühren. Warm halten.

3 Je 3 – 4 Fleischwürfel auf die Spieße stecken. Das restliche Öl in zwei großen Pfannen erhitzen und die Spieße darin auf jeder Seite 3 – 4 Min. braten. Mit Salz und Pfeffer würzen. Die Sauce mit Koriander bestreuen. Die Spieße mit Sauce und Kürbis-Wedges servieren.

ZUCCHINI-SCHINKEN-LASAGNE

Mmh, wie es aus dem Ofen duftet: Schinken, Tomatensauce und eine schnelle Parmesancreme kommen mit Gemüsescheiben statt Nudeln in die Form.

Salz
3 – 4 mittelgroße Zucchini
(ca. 1 kg)
1 Glas ital. Tomatensauce
(400 g)
200 g Crème légère
50 g geriebener Parmesan
2 EL gehacktes Basilikum
frisch geriebene Muskatnuss
1 Kugel Mozzarella (125 g)
200 g Kochschinken
(in Scheiben)

Italo-Hit mal anders

Für 4 Personen |
30 Min. Zubereitung |
20 Min. Garen
Pro Portion ca. 355 kcal,
27 g EW, 23 g F, 10 g KH

1 Den Backofen auf 250° vorheizen. In einem großen Topf reichlich Salzwasser zum Kochen bringen. Inzwischen die Zucchini putzen, waschen und längs in ca. 2 mm dünne Scheiben schneiden. Im kochenden Salzwasser ca. 3 Min. vorgaren.

2 Währenddessen die Tomatensauce in einem Topf aufkochen und bei starker Hitze ca. 5 Min. einkochen. Die Crème légère mit Parmesan und Basilikum verrühren, mit Salz und Muskatnuss abschmecken. Den Mozzarella abtropfen lassen und in Scheiben schneiden. Die Zucchinischeiben in ein Sieb abgießen, abtropfen lassen und mit Küchenpapier etwas trocken tupfen.

3 Den Boden einer flachen Auflaufform mit einem Drittel der Zucchinischeiben auslegen. Ein Drittel der Schinkenscheiben darauf verteilen. Dann nacheinander ein Drittel der Tomatensauce und knapp ein Drittel der Basilikumcreme darauf verstreichen. Wieder Zucchinischeiben darauflegen und alles in der gleichen Reihenfolge weiter einschichten, bis Zucchini und Tomatensauce aufgebraucht sind, dabei mit Basilikumcreme enden. Mit Mozzarella belegen und die Lasagne im Ofen (Mitte) 18 – 20 Min. garen. Herausnehmen, kurz abkühlen lassen und servieren.

TIPP Diese Low-Carb-Lasagne schmeckt auch mit Kohlrabi: Dafür ca. 1 kg Kohlrabi putzen, schälen und in sehr dünne Scheiben schneiden. Die Kohlrabischeiben in reichlich kochendem Salzwasser ca. 6 Min. vorgaren und abtropfen lassen. Die Lasagne wie beschrieben einschichten und garen.

HÄHNCHENFILET MIT SELLERIEPÜREE

Der krosse Schinkenmantel und die cremige Füllung sorgen dafür, dass das zarte Hähnchenfilet saftig bleibt. Perfekt dazu: ein fein-würziges Gemüsepüree.

Für das Püree:
Salz
1 Knollensellerie (ca. 1,2 kg)
1 Lorbeerblatt
Saft von ½ Zitrone
50 – 60 ml Milch
2 EL Butter
frisch geriebene Muskatnuss
Für das Hähnchen:
150 g fettarmer Kräuter-
frischkäse (20 % Fett)
abgeriebene Schale von
½ Bio-Zitrone
½ – 1 TL Pul biber
(Chiliflocken)
Salz | Pfeffer
4 Hähnchenbrustfilets
(à ca. 200 g)
8 Scheiben Parmaschinken
(à ca. 15 g)
2 EL Olivenöl

Perfektes Gästeessen

Für 4 Personen |
30 Min. Zubereitung
Pro Portion ca. 550 kcal,
61 g EW, 30 g F, 7 g KH

1 Den Backofen auf 190° vorheizen. Für das Püree in einem Topf reichlich Salzwasser zum Kochen bringen. Sellerie schälen und in ca. 2 cm große Stücke schneiden. Mit Lorbeerblatt und Zitronensaft im kochenden Wasser in ca. 20 Min. weich garen. Inzwischen für das Hähnchen den Frischkäse mit Zitronenschale und Pul biber glatt rühren (Bild 1). Mit wenig Salz und Pfeffer würzen.

2 Die Hähnchenfilets waschen und trocken tupfen, jeweils seitlich der Länge nach eine Tasche einschneiden (Bild 2). Die Filets mit der Frischkäsemischung füllen und mit wenig Salz und Pfeffer würzen. Jedes Filet so mit 2 Schinkenscheiben umwickeln, dass die Tasche gut verschlossen ist (Bild 3). Filets auf ein Backblech setzen, mit Öl beträufeln und im Ofen (Mitte) ca. 18 Min. garen.

3 Währenddessen den Sellerie abgießen und abtropfen lassen, dabei das Lorbeerblatt entfernen. Milch und Butter in einem Topf erhitzen, mit Salz und Muskatnuss würzen. Den Sellerie dazugeben und alles fein zerstampfen oder mit dem Stabmixer fein pürieren. Das Püree nochmals abschmecken und mit den gefüllten Hähnchenfilets servieren. Dazu passen ein grüner Salat oder geschmorte Kirschtomaten.

TIPP

Statt Sellerie lassen sich auch andere Gemüsesorten in köstliche Low-Carb-Pürees verwandeln: Probieren Sie eine Mischung aus Möhren und Steckrüben, die toll zu deftigen Braten oder gebratenen Steaks schmeckt. Oder ein Püree aus Kürbis und etwas Apfel, das gut zu Bratwürstchen oder mit Sojasauce mariniertem Tofu passt.

FISCH & MEERESFRÜCHTE

Jede Menge Eiweiß, gesundes Fett und eine kurze Garzeit machen Fisch und Garnelen
zu den perfekten Zutaten für die schnelle Low-Carb-Küche. Hier gibt es sie
mal klassisch gebraten, mal mit leckerer Kruste oder unkompliziert aus dem Ofen –
aber immer kombiniert mit raffinierten Sattmacher-Beilagen.

SESAMLACHS MIT ASIA-BROKKOLI

Scharfer Wasabi und eine nussige Kruste peppen den zarten Lachs auf. Und der Brokkoli hat sich mit Ingwer, Chili und Limette extra frisch gemacht.

Für den Brokkoli:
Salz
1 kg TK-Brokkoli
2 Knoblauchzehen
1 walnussgroßes Stück Ingwer
2 rote Chilischoten
1 EL Öl
2 – 3 EL Sojasauce
1 großer Spritzer Limettensaft
Für den Lachs:
4 Lachsfilets (mit Haut,
à ca. 175 g; siehe Tipp)
Salz
1 EL Wasabi-Paste
(jap. grüner Meerrettich)
ca. 75 g Sesamsamen
1 EL Öl

Rasant kombiniert

Für 4 Personen |
20 Min. Zubereitung
Pro Portion ca. 590 kcal,
45 g EW, 42 g F, 14 g KH

1 Für den Brokkoli in einem Topf wenig Salzwasser aufkochen und den Brokkoli darin zugedeckt in 4 – 5 Min. bissfest garen.

2 Inzwischen für den Lachs die Filets waschen und trocken tupfen, auf der Fleischseite salzen und mit Wasabi bestreichen. Den Sesam auf einen flachen Teller geben und den Lachs mit der bestrichenen Seite hineindrücken. Das Öl in einer beschichteten Pfanne erhitzen und den Lachs darin zuerst auf der Hautseite ca. 5 Min. braten. Dann wenden und auf der Sesamseite bei mittlerer Hitze 2 – 3 Min. braten.

3 Währenddessen den Brokkoli abgießen und abtropfen lassen. Knoblauch und Ingwer schälen und fein hacken. Chili längs halbieren, entkernen, waschen und in feine Streifen schneiden.

4 Das Öl in einem Topf erhitzen, Knoblauch, Ingwer und Chili darin ca. 2 Min. andünsten. Die Brokkoliröschen vorsichtig untermischen. Mit Sojasauce würzen und alles zugedeckt ca. 2 Min. dünsten. Den Brokkoli mit Limettensaft beträufeln und mit dem Sesamlachs servieren.

TIPP

Nehmen Sie für dieses Rezept am besten nicht zu dicke Lachsfilets, ideal sind 2 – 3 cm dicke Stücke. Sonst kann der Sesam verbrennen, bevor der Fisch durchgegart ist.

THUNFISCHBULETTEN MIT BOHNENSALAT

750 g breite Bohnen | Salz | 1 EL mittelscharfer
Senf | 2 – 3 EL Aceto balsamico bianco |
Pfeffer | 6 EL Olivenöl | 2 Frühlingszwiebeln |
250 g Kirschtomaten | 4 Dosen Thunfisch (im
eigenen Saft, à 135 g Abtropfgewicht) | 1 Zwie-
bel | 100 g Mandelmehl | 3 Eier | 125 g Mager-
quark | 1 Schuss Mineralwasser | 1 – 2 EL Ajvar
(scharfe Paprikapaste)

Schmeckt auch kalt

Für 4 Personen | 30 Min. Zubereitung
Pro Portion ca. 565 kcal, 57 g EW, 26 g F, 16 g KH

1 Die Bohnen putzen, waschen und schräg in
ca. 2 cm breite Stücke schneiden. In wenig Salzwasser in ca. 12 Min. bissfest garen. Inzwischen für
das Dressing Senf, Essig, Salz und Pfeffer verrühren, 4 EL Öl und 1 EL Wasser unterschlagen. Die
Frühlingszwiebeln putzen, waschen und in dünne
Ringe schneiden. Die Tomaten waschen und halbieren. Beides mit dem Dressing mischen.

2 Den Thunfisch in ein Sieb geben und gut abtropfen lassen. Zwiebel schälen und fein würfeln.
Thunfisch, Zwiebel, Mandelmehl und Eier gründlich
verkneten und mit Salz und Pfeffer kräftig würzen.
Mit angefeuchteten Händen aus der Fischmasse
12 flache Buletten formen. Je 1 EL Öl in zwei großen
beschichteten Pfannen erhitzen und die Buletten
darin auf jeder Seite 5 – 6 Min. braten.

3 Inzwischen die gegarten Bohnen in ein Sieb abgießen, abtropfen lassen und unter die Tomaten-
Frühlingszwiebel-Mischung heben. Den Bohnensalat nochmals abschmecken. Für den Dip den
Quark mit Mineralwasser und Ajvar glatt rühren,
mit Salz und Pfeffer abschmecken. Die Buletten
mit dem Bohnensalat und dem Dip servieren.

OMELETT-WRAPS MIT RÄUCHERLACHS

50 g TK-Erbsen | 4 Eier | 5 TL Öl | Salz | Pfeffer | 150 g fettarmer Frischkäse (16 % Fett) | 1 TL Zitronensaft | 100 g Rucola | 200 g Räucherlachs (in Scheiben) | 1 Kästchen Gartenkresse

Immer gut gewickelt

Für 4 Personen | 20 Min. Zubereitung
Pro Portion ca. 260 kcal, 23 g EW, 17 g F, 3 g KH

1 Etwas Wasser im Wasserkocher zum Kochen bringen. Die Erbsen mit dem kochenden Wasser übergießen und ca. 5 Min. antauen lassen.

2 Inzwischen die Eier mit 1 TL Öl und 1 TL Wasser verquirlen und mit Salz und Pfeffer würzen. 1 TL Öl in einer beschichteten Pfanne (26 cm Ø) erhitzen und ein Viertel der Eiermasse hineingeben. Durch Schwenken in der Pfanne verteilen, in ca. 1 Min. stocken lassen und wenden. Kurz weiterbraten,

dann herausnehmen und etwas abkühlen lassen. Wie beschrieben noch 3 weitere Omeletts braten.

3 Die Erbsen in ein Sieb abgießen, abtropfen lassen und mit dem Frischkäse mit dem Stabmixer pürieren. Die Creme mit Salz, Pfeffer und Zitronensaft abschmecken und auf die Omeletts streichen.

4 Den Rucola verlesen, waschen und trocken schleudern, dabei grobe Stiele entfernen. Rucola auf die Omeletts verteilen und mit Lachs belegen. Kresse vom Beet schneiden und darüberstreuen. Die Omeletts aufrollen, die Wraps schräg halbieren und servieren. Dazu schmeckt grüner Salat.

TIPP

Die Wraps sind super zum Mitnehmen für die Mittagspause oder ein Picknick – zum Transport am besten in Frischhaltefolie einwickeln.

FISCHPÄCKCHEN MIT BOHNENPÜREE

Einfacher geht's nicht: Gut verpackt gart der Fisch auf einem bunten Gemüsebett.
So wird er wunderbar saftig und aromatisch.

Für den Fisch:
1 Zucchino (ca. 400 g)
1 Fenchelknolle (ca. 400 g)
1 rote Paprikaschote
1 EL Olivenöl
Salz | Pfeffer
800 g Kabeljaufilet
4 TL schwarze Oliven
(in Ringen, aus dem Glas)
4 EL grünes Pesto (siehe S. 53
oder aus dem Glas)
Für das Püree:
2 Dosen weiße Bohnen
(à 225 g Abtropfgewicht)
2 Knoblauchzehen
1 EL Olivenöl
Salz
2 – 3 EL Zitronensaft

Überraschung aus dem Ofen

Für 4 Personen |
30 Min. Zubereitung
Pro Portion ca. 351 kcal,
44 g EW, 11 g F, 19 g KH

1 Für den Fisch den Backofen auf 200° vorheizen. Zucchino und Fenchel putzen, waschen, längs halbieren und in möglichst dünne Scheiben schneiden. Paprika längs halbieren, entkernen, waschen und ebenfalls in dünne Streifen schneiden. Das Öl in einer beschichteten Pfanne erhitzen und das Gemüse darin unter Wenden 3 – 4 Min. braten (Bild 1). Mit Salz und Pfeffer würzen.

2 Den Fisch waschen, trocken tupfen und in 4 etwa gleich große Stücke schneiden. Die Hälfte des Gemüses auf 4 Bögen Alufolie (je ca. 20 cm lang) verteilen. Je 1 Fischstück darauflegen und das restliche Gemüse und die Olivenringe darauf verteilen (Bild 2). Das Pesto in Klecksen darübergeben und alles mit etwas Salz würzen. Die Alufolie über dem Fisch zusammennehmen, gut verschließen und die Folienenden fest verdrehen (Bild 3). Die Fischpäckchen im Ofen (Mitte) 12 – 15 Min. garen.

3 Inzwischen für das Püree die Bohnen in ein Sieb abgießen, abbrausen und abtropfen lassen. Den Knoblauch schälen und fein würfeln. Das Öl in einem kleinen Topf erhitzen und den Knoblauch darin kurz andünsten. Bohnen und 2 EL Wasser dazugeben, ca. 2 Min. erhitzen. Alles in einen hohen Rührbecher geben und mit dem Stabmixer fein pürieren. Falls nötig, noch etwas Wasser untermixen, sodass ein geschmeidiges Püree entsteht. Mit Salz und Zitronensaft abschmecken. Die Fischpäckchen aus dem Ofen nehmen, Fisch und Gemüse auf Tellern anrichten und das Bohnenpüree dazu servieren.

TIPP Besonders aromatisch schmeckt das Bohnenpüree, wenn Sie mit dem Knoblauch noch 1 TL Fenchelsamen anrösten.

1

2

3

GARNELENCURRY MIT BLUMENKOHLREIS

1 Blumenkohl (ca. 1 kg) | 500 g rohe, geschälte TK-Garnelen | 1 Zwiebel | 1 walnussgroßes Stück Ingwer | 250 g Shiitake-Pilze (ersatzweise braune Champignons) | 1 EL Öl | 2–3 TL grüne Thai-Currypaste | 1 Dose Kokosmilch (400 ml) | 450 g TK-Blattspinat (in kleinen Blöcken) | Salz | 2–3 TL Fischsauce | 1 TL Limettensaft | 1 Spritzer Agavendicksaft | 50 g geröstete, gesalzene Cashewkerne | 2 EL gehacktes Koriandergrün

Geniale Beilage

Für 4 Personen | 30 Min. Zubereitung
Pro Portion ca. 455 kcal, 30 g EW, 19 g F, 18 g KH

1 Den Blumenkohl putzen, waschen und die Röschen vom Stiel schneiden. Stiele entfernen, die Röschen portionsweise im Blitzhacker oder mit dem Gemüsehobel auf Reiskorngröße zerkleinern.

2 Die Garnelen in heißem Wasser ca. 5 Min. antauen lassen. Zwiebel und Ingwer schälen und fein würfeln. Die Pilze putzen, bei Bedarf mit einem Tuch abreiben und in Stücke schneiden. Das Öl in einem Topf erhitzen und Zwiebel, Ingwer und Pilze darin anbraten. Currypaste, Kokosmilch und Spinat dazugeben, alles aufkochen und ca. 5 Min. köcheln lassen, bis der Spinat aufgetaut ist.

3 Inzwischen den Blumenkohl in ca. 50 ml Salzwasser zugedeckt ca. 3 Min. dünsten. Dann ohne Deckel 1–2 Min. weiter garen, bis die gesamte Flüssigkeit verdampft ist. Die Garnelen in ein Sieb abgießen, abtropfen und im Curry ca. 5 Min. mitgaren lassen. Das Curry mit Fischsauce, Limettensaft, Salz und Agavendicksaft abschmecken. Die Cashewkerne grob hacken und mit dem Koriander unter den Blumenkohlreis mischen. Zum Garnelencurry servieren.

FORELLENFILETS MIT SALSA-VERDE-SALAT

Salz | 1 Knollensellerie (ca. 1 kg) | 800 g Forellenfilets (mit Haut) | 2 Bund gemischte Kräuter (z. B. Basilikum, Petersilie und Dill) | 1 Knoblauchzehe | 3 EL Kapern | 10 g eingelegte Sardellenfilets (aus dem Glas) | 2 TL Dijon-Senf | 5 EL Olivenöl | 50 g Crème légère | 100 g Naturjoghurt | Pfeffer | 2 – 3 EL Zitronensaft | 300 g Kirschtomaten | 2 EL Butter

Sellerie doubelt Kartoffel

Für 4 Personen | 25 Min. Zubereitung
Pro Portion ca. 455 kcal, 45 g EW, 26 g F, 9 g KH

1 In einem Topf reichlich Salzwasser aufkochen. Währenddessen den Sellerie schälen und in ca. 1 cm große Würfel schneiden. Im kochenden Wasser in 8 – 10 Min. bissfest garen. Inzwischen den Fisch waschen und trocken tupfen. Die Haut dick mit Salz einreiben, kurz einziehen lassen.

2 Währenddessen für das Dressing die Kräuter waschen, trocken schütteln und die Blätter abzupfen. Den Knoblauch schälen, die Kapern abgießen, die Sardellen abbrausen. Alles mit Senf, Öl, Crème légère und Joghurt mit dem Stabmixer pürieren. Die Salsa mit Salz, Pfeffer und Zitronensaft abschmecken. Die Tomaten waschen, vierteln und mit den Selleriewürfeln unter die Salsa mischen.

3 Das Salz vom Fisch streifen und die Haut mit Küchenpapier trocken tupfen. Die Fleischseite mit Salz und Pfeffer würzen. Je 1 EL Butter in zwei großen beschichteten Pfannen erhitzen und die Filets darin auf der Hautseite in 2 – 3 Min. knusprig braten. Dann wenden und bei schwacher Hitze noch 1 – 2 Min. braten. Die Fischfilets mit dem Salsa-Verde-Salat servieren.

VEGETARISCHE VIELFALT

Das weitverbreitete Vorurteil »Bei Low Carb gibt's immer nur Steaks mit Salat«
wird hier mit raffinierten Ruck-zuck-Rezepten aufs Leckerste widerlegt.
Denn auch vegetarisch oder vegan essen funktioniert ganz easy mit wenigen Kohlenhydraten. Lassen Sie sich überraschen!

GEMÜSENUDELN MIT ZIEGENKÄSESAUCE

Statt Tagliatelle schmiegen sich hier feine Möhren- und Pastinakenstreifen an die cremige Sauce. Pilze und Kürbiskerne sorgen für Biss und liefern Eiweiß.

Für die Gemüsenudeln:
500 g Möhren
500 g Pastinaken
Salz
Für die Sauce:
1 Zwiebel
500 g Champignons
2 EL Öl
Salz | Pfeffer
1 TL getr. Thymian
200 g Sahne zum Kochen
(15 % Fett)
150 g Ziegenfrischkäse
75 g Kürbiskerne

Gelingt ganz leicht

Für 4 Personen |
25 Min. Zubereitung
Pro Portion ca. 445 kcal,
18 g EW, 30 g F, 24 g KH

1 Für die Gemüsenudeln die Möhren und Pastinaken schälen und mit einem Sparschäler oder Spiralschneider längs in dünne Streifen schneiden. In reichlich Salzwasser in ca. 3 Min. bissfest garen, dann abgießen. Abtropfen lassen und warm halten.

2 Inzwischen für die Sauce die Zwiebel schälen und fein würfeln. Die Pilze putzen, bei Bedarf mit einem Tuch abreiben und halbieren. Das Öl in einer großen beschichteten Pfanne erhitzen und die Pilze darin unter Wenden ca. 5 Min. kräftig anbraten. Dabei die Zwiebel nach ca. 3 Min. dazugeben und alles mit Salz, Pfeffer und Thymian würzen. Die Sahne angießen, der Frischkäse hinzufügen und unterrühren. Die Sauce ca. 5 Min. köcheln lassen.

3 Die Kürbiskerne in einer beschichteten Pfanne ohne Fett leicht rösten, dann herausnehmen. Die Gemüsenudeln mit der Ziegenkäsesauce mischen und mit den Kürbiskernen bestreut servieren.

TIPP

Für die »Tagliatelle« lassen sich auch andere Gemüsesorten wie Zucchini, Kürbis, Rote Bete oder Knollensellerie in Streifen schneiden. Je nach Sorte erhöht sich dann die Garzeit etwas. Die Gemüsenudeln schmecken auch als Low-Carb-Beilage zu Lieblingssaucen wie Bolognese oder Carbonara.

KNUSPER-CAMEMBERT MIT HEIDELBEEREN

200 g geputzter Feldsalat (aus dem Kühlregal) |
200 g Champignons | 1 rote Zwiebel | ⅛ l Buttermilch | 1 EL Apfelessig | 1 TL Dijon-Senf |
2 EL Apfelsaft | Salz | Pfeffer | 4 EL Öl | 4 kleine
runde Camemberts (à 125 g, 45 % Fett i. Tr.) |
1 Ei | ca. 3 EL Mandelmehl | ca. 4 EL Mandelblättchen | 200 g Heidelbeeren (frisch oder
TK) | 1 TL Ahornsirup

Low-Carb-Klassiker

Für 4 Personen | 25 Min. Zubereitung
Pro Portion ca. 600 kcal, 38 g EW, 45 g F, 8 g KH

1 Den Feldsalat verlesen, waschen und trocken
schleudern. Die Champignons putzen, bei Bedarf
mit einem Tuch abreiben und in dünne Scheiben
schneiden. Die Zwiebel schälen, halbieren und in
feine Scheiben schneiden. Für das Dressing die
Buttermilch mit Essig, Senf und Apfelsaft verrühren, mit Salz und Pfeffer würzen. Zuletzt 2 EL Öl mit
einem Schneebesen gründlich unterschlagen.

2 Die Camemberts jeweils halbieren, sodass
Halbkreise entstehen. Das Ei in einem tiefen Teller
mit 2 EL Wasser verquirlen. Mandelmehl und
-blättchen auf einem Teller mischen. Käsehälften
erst im Ei wenden, dann in die Mandeln drücken.
Das restliche Öl in einer großen beschichteten
Pfanne erhitzen und die Käse darin auf jeder Seite
in 3–4 Min. knusprig backen. Herausnehmen, auf
Küchenpapier abtropfen lassen und warm halten.

3 Die Heidelbeeren mit 50 ml Wasser in die
Pfanne geben, aufkochen und zugedeckt ca. 5 Min.
köcheln lassen. Mit Salz, Pfeffer und Ahornsirup
abschmecken. Feldsalat, Champignons und Zwiebel mit dem Dressing mischen. Die Camemberts
mit Heidelbeeren und Salat servieren.

HALLOUMI MIT ZUCCHINI-PESTO-NUDELN

1 Knoblauchzehe | 1 großes Bund Basilikum | 25 g Pinienkerne | 25 g Walnusskerne | 40 g geriebener Parmesan | 80 ml Olivenöl | Salz | Pfeffer | 200 g Halloumi (Grillkäse) | ½ – 1 TL Öl zum Braten | 3 – 4 mittelgroße Zucchini (ca. 1 kg)

Neue Nudel-Liebe

Für 4 Personen | 30 Min. Zubereitung
Pro Portion ca. 485 kcal, 20 g EW, 42 g F, 7 g KH

1 Für das Pesto den Knoblauch schälen. Basilikum waschen, trocken schütteln und die Blätter abzupfen. Die Pinienkerne und Walnüsse in einer beschichteten Pfanne ohne Fett leicht rösten, dann herausnehmen. Die vorbereiteten Zutaten mit dem Parmesan in einen hohen Rührbecher geben, das Olivenöl nach und nach dazugießen und alles mit dem Stabmixer fein pürieren. Das Pesto mit Salz und Pfeffer würzen.

2 Den Käse in ca. 1 cm breite Scheiben schneiden. Eine große beschichtete Pfanne dünn mit Öl ausstreichen und den Käse darin auf beiden Seiten ca. 4 Min. braten. Herausnehmen und warm halten.

3 Inzwischen Zucchini putzen, waschen und mit einem Sparschäler längs in dünne, lange Streifen schneiden. Die Zucchinistreifen in die Pfanne geben und im Restfett des Käses unter Wenden ca. 4 Min. braten, dann das Pesto untermischen. Halloumi mit den Zucchini-Pesto-Nudeln servieren.

TIPP

Das Pesto lässt sich gut vorbereiten und hält mit Öl bedeckt in einem Schraubglas im Kühlschrank mehrere Tage, eingefroren sogar bis zu 3 Monate. Damit es noch schneller geht, können Sie die Gemüsenudeln auch in zwei Pfannen gleichzeitig garen.

KOKOS-TOFU MIT CURRYGEMÜSE

Unbedingt probieren: Im Kokosmantel gebraten schmeckt der eiweißreiche
Veggie-Star einfach köstlich zur würzig-cremigen Gemüsepfanne.

Für den Kokos-Tofu:
600 g Tofu natur
Salz
ca. 50 g Kokosraspel
2 EL Öl
Für das Gemüse:
1 Zwiebel
1 walnussgroßes Stück Ingwer
1 große Aubergine
2 rote Paprikaschoten
2–3 Pak Choi (ca. 500 g,
ersatzweise ½ Chinakohl)
1 EL Öl
2 TL Currypulver
¼ l Gemüsebrühe
1 kleine Dose Kokosmilch
(165 ml)
Salz
1 Spritzer Limettensaft
2 EL gehacktes Koriandergrün

Köstlich vegan

Für 4 Personen |
25 Min. Zubereitung
Pro Portion ca. 340 kcal,
20 g EW, 23 g F, 13 g KH

1 Für den Kokos-Tofu den Tofu in ca. 1 cm dicke Scheiben schneiden und leicht salzen. Die Kokosraspel auf einen flachen Teller geben, die Tofuscheiben darin wälzen und beiseitestellen.

2 Für das Gemüse die Zwiebel und den Ingwer schälen und fein würfeln. Aubergine putzen, waschen und würfeln. Paprika längs halbieren, entkernen, waschen und ebenfalls würfeln. Pak Choi putzen, waschen, trocken schleudern und in Streifen schneiden.

3 In einer tiefen Pfanne oder einem Wok das Öl erhitzen, Zwiebel und Ingwer darin kurz andünsten. Aubergine und Paprika dazugeben und kurz anbraten. Den Pak Choi hinzufügen und ebenfalls kurz anbraten. Das Currypulver darüberstäuben und kurz andünsten. Die Brühe angießen, alles aufkochen und bei schwacher Hitze ca. 10 Min. köcheln lassen.

4 Inzwischen das Öl in einer zweiten Pfanne erhitzen und den panierten Tofu darin portionsweise bei mittlerer Hitze auf jeder Seite 2–3 Min. braten. Die Kokosmilch zum Currygemüse gießen und alles noch kurz köcheln lassen, dann mit Salz und Limettensaft abschmecken. Den Kokos-Tofu nach Belieben in Würfel schneiden, das Currygemüse mit Koriander bestreuen und mit dem Tofu servieren.

TIPP

Das Currygemüse lässt sich nach Lust, Laune und Vorrat auch mit anderen Gemüsesorten wie Blumenkohl, Zucchini oder Möhren zubereiten. Besonders schnell: eine TK-Gemüsemischung verwenden. Und wenn es mal nicht vegetarisch sein soll, können Sie statt Tofu die gleiche Menge Hähnchenbrust- oder Fischfilet im Kokosmantel zubereiten und braten.

BROKKOLI-FRITTERS MIT TSATSIKI

750 g TK-Brokkoli | Salz | 1 Salatgurke | 400 g Hüttenkäse (3,9 % Fett) | 2 Knoblauchzehen | Pfeffer | 4 Eier | ½ TL Backpulver | frisch geriebene Muskatnuss | 200 g geraspelter Hartkäse (z. B. Emmentaler) | 2 EL Öl

Hit für Kids

Für 4 Personen | 25 Min. Zubereitung
Pro Portion ca. 485 kcal, 39 g EW, 32 g F, 12 g KH

1 Den Brokkoli noch gefroren in wenig kochendes Salzwasser geben und darin in ca. 6 Min. bissfest garen. Inzwischen die Gurke schälen und grob raspeln. Die Raspel in einem Sieb abtropfen lassen, gut ausdrücken und mit dem Hüttenkäse mischen. Knoblauch schälen, dazupressen und unterrühren. Tsatsiki mit Salz und Pfeffer abschmecken. Den Brokkoli in ein Sieb abgießen, kalt abschrecken und gut abtropfen lassen.

2 Die Eier und das Backpulver verquirlen, mit Salz, Pfeffer und Muskatnuss würzen. Den Hartkäse und den Brokkoli untermischen, dabei den Brokkoli mit einer Gabel leicht zerdrücken.

3 Das Öl in einer großen beschichteten Pfanne erhitzen. Von der Brokkolimasse jeweils ca. 2 EL abnehmen, in die Pfanne geben und etwas flach drücken. Auf diese Weise die Brokkoli-Fritters portionsweise unter Wenden je ca. 6 Min. braten. Aus der Pfanne nehmen, auf Küchenpapier abtropfen lassen und mit dem Tsatsiki servieren.

TIPP

Die Fritters schmecken auch mit anderem Gemüse und eignen sich prima, um übrig gebliebenes gegartes Gemüse lecker zu verwerten.

TEX-MEX-SPIEGELEIER

120 g geraspelter Hartkäse (z. B. Emmentaler) |
1 Zwiebel | 2 Knoblauchzehen | 1 kleine Dose
Kidneybohnen (125 g Abtropfgewicht) | 1 kleine
Dose Maiskörner (140 g Abtropfgewicht) |
2 EL Öl | Salz | Pfeffer | ¼ TL gemahlener Kreuz-
kümmel | ¼ – ½ TL Chilipulver | 250 g passierte
Tomaten (aus dem Tetrapak) | 8 Eier

Mit Cheese-Nachos

Für 4 Personen | 20 Min. Zubereitung
Pro Portion ca. 410 kcal, 26 g EW, 27 g F, 15 g KH

1 Den Backofen auf 250° vorheizen, ein Blech mit
Backpapier auslegen. Die Käseraspel in 2 Kreisen
(à ca. 16 cm ⌀) auf das Backpapier streuen und im
Ofen (Mitte) ca. 10 Min. backen, bis sie geschmol-
zen sind. Die Käsekreise aus dem Ofen nehmen
und kurz abkühlen lassen. Noch warm in Dreiecke
zu Cheese-Nachos schneiden.

2 Inzwischen Zwiebel und Knoblauch schälen und
fein würfeln. Die Bohnen und den Mais in ein Sieb
abgießen, abbrausen und gut abtropfen lassen.
1 EL Öl in einem großen Topf erhitzen, Zwiebel und
Knoblauch darin kurz andünsten. Bohnen und
Mais dazugeben und unter Rühren 3 – 4 Min. braten. Mit Salz, Pfeffer, Kreuzkümmel und Chilipulver
würzen. Passierte Tomaten hinzufügen, alles aufkochen und ca. 5 Min. köcheln lassen.

3 Währenddessen übriges Öl in zwei beschichteten Pfannen erhitzen. Die Eier darin zu Spiegel-
eiern braten, salzen und pfeffern. Die Spiegeleier
mit Tex-Mex-Sauce und Cheese-Nachos servieren.

TIPP

Die Cheese-Nachos schmecken auch als Knus-
perbeilage zu Salaten und Suppen oder mit
scharfer Tomatensalsa zum Dippen als Snack.

OFENGEMÜSE MIT TOFU-GUACAMOLE

1 kg nicht zu festes Gemüse (z.B. Paprika, Aubergine, Zucchini, Blumenkohl) | Salz | Pfeffer | 3 EL Olivenöl | 3 Stiele Thymian | 1 Avocado (ca. 300 g) | 250 g Tofu natur | ½ – 1 TL Limettensaft | 30 g Sesamsamen

Veganer Genuss

Für 4 Personen | 30 Min. Zubereitung
Pro Portion ca. 346 kcal, 12 g EW, 29 g F, 8 g KH

1 Den Backofen auf 200° vorheizen, ein Blech mit Backpapier auslegen. Das Gemüse putzen, waschen und je nach Sorte in dünne Streifen oder kleine Würfel schneiden bzw. in Röschen teilen. Die Gemüsestücke salzen und pfeffern, mit dem Öl mischen und auf dem Blech verteilen. Den Thymian waschen und trocken schütteln, grob zerzupfen und auf dem Gemüse verteilen. Das Gemüse im Ofen (Mitte) 20 – 25 Min. backen.

2 Inzwischen für die Guacamole die Avocado halbieren und den Kern entfernen. Das Fruchtfleisch aus den Schalen lösen und in einen hohen Rührbecher geben. Den Tofu grob würfeln, zur Avocado geben und alles mit dem Stabmixer fein pürieren. Die Guacamole mit Salz, Pfeffer und Limettensaft kräftig abschmecken.

3 Nach ca. 10 Min. Backzeit das Gemüse auf dem Blech wenden und mit Sesam bestreuen. Dann das Ofengemüse fertig backen, herausnehmen und mit der Tofu-Guacamole servieren.

TIPP

Low-Carb-Snacken: Die Tofu-Guacamole schmeckt auch als Dip zu rohen Gemüsesticks oder zu Cheese-Nachos (siehe S. 57).

RICOTTA-SPINAT-AUFLAUF

500 g Ricotta | 75 g geriebener Parmesan |
4 Eier | Salz | Pfeffer | frisch geriebene Muskat-
nuss | 300 g TK-Blattspinat (in kleinen Blö-
cken) | 500 g Kirschtomaten | 2 Frühlingszwie-
beln | 3 Stiele Basilikum | 1 EL Aceto balsamico |
3 EL Olivenöl | Fett für die Form

Blitzschnell im Ofen

Für 1 flache Auflaufform (ca. 22 x 23 cm,
für 4 Personen) | 30 Min. Zubereitung
Pro Portion ca. 490 kcal, 29 g EW, 38 g F, 5 g KH

1 Den Backofen auf 200° vorheizen, die Form
dünn fetten. Ricotta, Parmesan und Eier glatt rüh-
ren, mit Salz, Pfeffer und etwas Muskat würzen.
Die Masse in die Form füllen und glatt streichen.
Die gefrorenen Spinatblöcke gleichmäßig auf der
Ricotta-Eier-Masse verteilen und leicht eindrücken.
Den Auflauf im Ofen (Mitte) 20 – 25 Min. backen.

2 Inzwischen die Tomaten waschen und halbieren. Die Frühlingszwiebeln putzen, waschen und
in feine Ringe schneiden. Das Basilikum waschen,
trocken schütteln und die Blätter abzupfen. Den
Essig mit Salz und Pfeffer verrühren, das Öl nach
und nach mit einem Schneebesen unterschlagen.
Tomaten, Frühlingszwiebeln und Basilikum unter
das Dressing mischen.

3 Den Auflauf aus dem Ofen nehmen, in Stücke
schneiden und mit dem Tomatensalat servieren.

TIPP

Wenn es mal nicht vegetarisch sein soll, können Sie noch 100 g gewürfelten Schinkenspeck
unter die Ricotta-Eier-Masse mischen.

REGISTER

Damit Sie Rezepte mit bestimmten Zutaten noch schneller finden, sind in diesem Register auch beliebte Zutaten wie **Eier** oder **Lachs** alphabetisch eingeordnet und hervorgehoben. Darunter finden Sie das Rezept Ihrer Wahl. Vegetarische Rezepte sind hier grün abgesetzt.

© 2015 GRÄFE UND UNZER VERLAG GmbH, München
Alle Rechte vorbehalten. Nachdruck, auch auszugsweise, sowie die Verbreitung durch Film, Funk, Fernsehen und Internet, durch fotomechanische Wiedergabe, Tonträger und Datenverarbeitungssysteme jeglicher Art nur mit schriftlicher Genehmigung des Verlages.

Projektleitung: Kathrin Ullerich
Lektorat: Kathrin Gritschneder
Korrektorat: Jutta Friedrich
Innen- und Umschlaggestaltung: independent Medien-Design, Horst Moser, München
Illustrationen: Julia Hollweck
Herstellung: Sigrid Frank
Satz: Kösel, Krugzell
Reproduktion: Medienprinzen, München
Druck und Bindung: Schreckhase, Spangenberg
Syndication: www.jalag-syndication.de
Printed in Germany

1. Auflage 2015
ISBN 978-3-8338-4433-1

f www.facebook.com/gu.verlag

Ein Unternehmen der
GANSKE VERLAGSGRUPPE

Die Autorin

Inga Pfannebecker ist Diplom-Oecotrophologin und war als Food-Redakteurin bei namhaften Zeitschriften tätig. Seit 2012 lebt sie als freie Journalistin und Buchautorin in Amsterdam. Ihre Spezialität sind alltagstaugliche Rezepte, in denen sich guter Geschmack und gesunde Ernährung perfekt ergänzen.

Das Fototeam

Das **Eising Studio** zählt zu den international führenden Studios im Bereich der Food-Fotografie. Hier entstehen hochwertige Produktionen für Verlage, Agenturen und Industriekunden. Das Team bei diesem Buch: Martina Görlach und Katrin Winner (Foto) sowie Sandra Schumann und Michael Koch (Foodstyling).

Bildnachweis

Titelfoto: Wolfgang Schardt, Hamburg; Autorenfoto: Maud Fontein, Amsterdam; alle anderen Fotos: EISING STUDIO

Titelrezept

Hähnchenfilet mit Selleriepüree (S. 36)

Umwelthinweis:

Dieses Buch ist auf PEFC-zertifiziertem Papier aus nachhaltiger Waldwirtschaft gedruckt.

QUALITÄTS
G|U
GARANTIE

Liebe Leserin, lieber Leser,
haben wir Ihre Erwartungen erfüllt? Sind Sie mit diesem Buch zufrieden? Haben Sie weitere Fragen zu diesem Thema? Wir freuen uns auf Ihre Rückmeldung, auf Lob, Kritik und Anregungen, damit wir für Sie immer besser werden können.

GRÄFE UND UNZER Verlag
Leserservice
Postfach 86 03 13
81630 München
E-Mail:
leserservice@graefe-und-unzer.de

Telefon: 00800 / 72 37 33 33*
Telefax: 00800 / 50 12 05 44*
Mo–Do: 8.00–18.00 Uhr
Fr: 8.00–16.00 Uhr
(* gebührenfrei in D, A, CH)

Ihr GRÄFE UND UNZER Verlag
Der erste Ratgeberverlag – seit 1722.

Backofenhinweis:
Die Backzeiten können je nach Herd variieren. Die Temperaturangaben in unseren Rezepten beziehen sich auf das Backen im Elektroherd mit Ober- und Unterhitze und können bei Gasherden oder Backen mit Umluft abweichen. Details entnehmen Sie bitte Ihrer Gebrauchsanweisung.

LEICHTER DURCHS LEBEN

DEIN DIGITALER COACH FÜR MEHR BALANCE

G|U BALANCE
www.gu-balance.de

JETZT 10 TAGE KOSTENLOS TESTEN
www.gu-balance.de

✔ BESSER ESSEN

✔ MIT SPASS BEWEGEN

✔ ENDLICH ENTSPANNT

FÜR:

LUST AUF WAS SÜSSES?

Kein Problem! Bei diesen Leckereien können Sie unbeschwert zugreifen, ohne Ihr Kohlenhydratkonto zu sehr zu belasten.

RICOTTA-BEEREN-EIS

Für 4 Personen: 250 g TK-Himbeeren in einen hohen Rührbecher geben, mit 3 TL Agavendicksaft beträufeln, ca. 5 Min. antauen lassen. 250 g Ricotta dazugeben und alles mit dem Stabmixer zu einer cremigen Eismasse pürieren. Mit 1 großzügigen Spritzer Zitronensaft abschmecken. Das Eis zu Kugeln oder Nocken abstechen, nach Belieben mit Minzblättchen und frischen Himbeeren verzieren und sofort servieren. Übriges Eis in einem gut schließenden Behälter auf Vorrat einfrieren. Probieren Sie das Eis auch mit TK-Mangostücken. Dann nur 2 TL Agavendicksaft dazugeben und das Eis mit etwas mehr Zitronensaft abschmecken.

EXOTIC-QUARKBECHER

Für 4 Personen: 1 kleine Papaya halbieren und entkernen, schälen und würfeln. ½ kleine Ananas schälen, Strunk entfernen und das Fruchtfleisch in Stücke schneiden. 3 TL Limettensaft, ¼ TL Ingwerpulver und 1 EL Honig verrühren. 2 EL Butter in einer Pfanne erhitzen und die Früchte darin kurz anbraten. Limetten-Honig-Mischung darüberträufeln, kurz aufkochen und die Flüssigkeit ca. 2 Min. einkochen. Vom Herd nehmen und abkühlen lassen. 500 g Magerquark, 1 kleine Dose Kokosmilch (165 ml) und 1 EL Orangensaft glatt rühren. Den Obstsalat mit der Quarkcreme servieren, nach Belieben mit 2 EL gerösteten Kokoschips bestreuen.

BANANA PANCAKES

Für 4 Personen: 2 mittelreife Bananen (à ca. 150 g) schälen und in einen hohen Rührbecher geben. Mit 4 Eiern, 100 g Mandelmehl, ¼ TL Backpulver und ½ TL Zimtpulver mit dem Stabmixer pürieren. In einer beschichteten Pfanne nach und nach 3 EL Öl erhitzen. Jeweils ca. 2 EL Teig in die Pfanne geben und die Pancakes auf jeder Seite in ca. 3 Min. goldbraun backen (ergibt ca. 12 Pancakes). 200 g griechischen Joghurt (10 % Fett) mit dem ausgekratzten Mark von 1 Vanilleschote, 25 g gehackter Zartbitterschokolade (mind. 70 % Kakaoanteil) und 1 EL Agavendicksaft zu einem Dip verrühren. Pancakes warm mit dem Dip servieren.